cookeo

Les meilleures — recettes — des utilisateurs !

+ 25 recettes de la blogueuse Mimi Cuisine

La Cuisine de D&T

SOMMAIRE

Vegetariens et accompagnements

Desserts

Index

VOUS AVEZ ENTRE LES MAINS LES 50 MEILLEURES RECETTES DES UTILISATEURS !

Tour de France & Moulinex & Co Cuisinons ensemble

Celles-ci ont été sélectionnées par le jury Moulinex à l'issu d'un concours de plusieurs semaines. Voici donc réunies dans un seul ouvrage les recettes que vous aimez faire au quotidien avec votre Cookeo : le poulet épicé et pommes de terre de *sonia*, le risotto aux tomates séchées de *manonty*, ou encore le flan aux rochers au chocolat au lait de *christelaure* de l'entrée au dessert votre Cookeo vous accompagne dans toutes vos recettes !

Découvrez également les recettes coups de cœur du jury, les œufs cocotte aux lardons de *Laëti-Bressollete* page 66, la purée de patates douces à la crème de coco de *Blondy,* les saint-jacques poêlées, riz et champignons de *Elena-di-stabia* page 104 et les profiteroles d'*Aurélie-Martin* page 152, n'hésitez plus et testez vite toutes ces recettes !

À PROPOS de Mimi

MON DICTON FAVORI : LA CUISINE, UNE PASSION QUI SE PARTAGE !

Il y a quelques années, je ne savais absolument pas cuisiner et cela ne m'intéressait pas ! Mais en 2012, mon ami est arrivé à la maison avec un Cookeo, de sa passion de manger est née ma passion de cuisiner. Tout s'est ensuite enchaîné, autodidacte, je crée mon blog en 2013. Rapidement le trafic monte à près de deux millions en deux ans et actuellement plus de 250 000 visiteurs uniques par mois. Naturellement, à sa sortie en 2013 le Companion est lui aussi arrivé dans ma cuisine.

J'ai également créé deux groupes Facebook pour partager mes recettes et ma passion pour ces robots « idées recettes Cookeo » et « idées recettes, Cuisine Companion » qui regroupent 300 000 membres.

Dans mes petits appareils révolutionnaires, je fais des plats simples, faciles et à la portée de tout le monde ! Le Cookeo me permet aussi bien de cuisiner pour tous les jours avec ce que je trouve dans mon placard mais aussi de faire des plats plus élaborés pour des dîners en famille ou entre amis.

Le Cookeo a changé ma vie, aussi bien personnelle avec de nouvelles habitudes alimentaires que professionnelle. Épanouie, grâce à lui, je vie de ma passion.

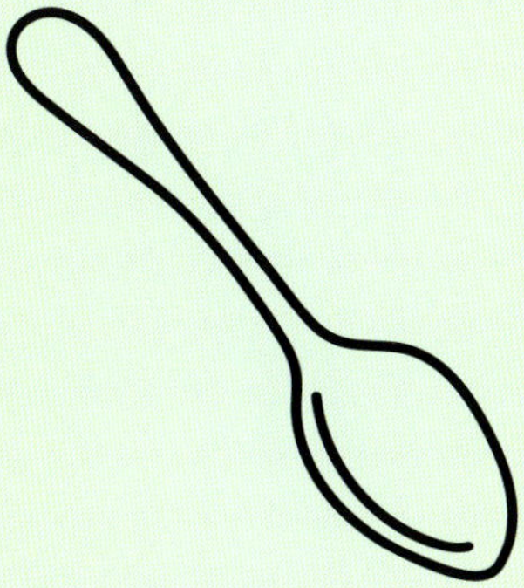

Entrées

INGRÉDIENTS

700 g de patates douces

100 g de noisettes

1 c. à café de gingembre en poudre

1 c. à café de curry

1 c. à café de cannelle

et aussi...
1 oignon
2 gousses d'ail
150 ml d'eau
50 cl de lait de coco

Velouté DE PATATES DOUCES AUX NOISETTES GRILLÉES

POUR 4 PERSONNES
PRÉPARATION : 15 MIN
CUISSON : 17 MIN

LA RECETTE DE

Mimi

1. Lancez le **mode dorer**, puis mettez les noisettes entières dans la cuve. Laissez-les dorer environ 5 min en remuant de temps en temps. Surveillez la cuisson et retirez-les de la cuve dès qu'elles commencent à dorer.

2. Épluchez les patates douces et coupez-les en dés. Pelez et émincez l'oignon et l'ail. Dans la cuve, placez les patates douces, l'oignon, l'ail, le gingembre, le curry et la cannelle. Salez, versez le lait de coco, puis faites cuire 12 min en **mode sous pression**.

3. Mixez les patates douces avec 10 cl de jus de cuisson, ajoutez du jus pour une texture plus fluide. Versez dans 4 bols, parsemez de noisettes grillées concassées et servez.

LA RECETTE DE VALCINAYM

Terrine
DE FOIES DE VOLAILLE

INGRÉDIENTS

350 g de foies de volaille fermiers

500 g de chair à saucisse fine

3 c. à soupe de cognac

50 g de noisettes

et aussi...

- 1 pincée de poivre vert sec
- 2 feuilles de laurier
- 1 oignon haché
- 1 œuf

POUR 6 PERSONNES
PRÉPARATION : 10 MIN
CUISSON : 20 MIN
REPOS : 30 MIN

OUTIL :
PANIER VAPEUR

1. Faites revenir les foies de volaille dans la cuve 5 min en **mode dorer**. Ajoutez le poivre vert, le laurier et le cognac, puis mélangez. Arrêtez l'appareil et laissez reposer dans la cuve entrouverte.

2. Pelez et hachez l'oignon. Incorporez la chair à saucisse, puis ajoutez l'œuf et mélangez. Réservez les feuilles de laurier, puis incorporez les foies de volaille à la chair à saucisse. Ajoutez les noisettes et mélangez une dernière fois. Versez la préparation dans une terrine ou un moule à cake de 18 cm. Disposez les feuilles de laurier sur le dessus et couvrez de film alimentaire résistant à la chaleur.

4. Versez 20 cl d'eau dans la cuve et insérez le **panier vapeur**. Placez la terrine filmée dedans et faites cuire 15 min en **mode sous pression**.

5. Une fois la cuisson finie et la vapeur évacuée, arrêtez l'appareil, entrouvrez-le et laissez reposer la terrine 30 min avant de la mettre au frais.

Astuce

Cette terrine est encore meilleure après 24 h au frais, car elle développe alors tous ses arômes.

INGRÉDIENTS

250 g de thon

2 œufs

10 g de crème fraîche

2 c. à soupe de chapelure

et aussi…

1 tube de concentré de tomates (facultatif)

Pain DE THON

LA RECETTE DE CHRISTELAURE

POUR 4 PERSONNES
PRÉPARATION : 5 MIN
CUISSON : 30 MIN

OUTIL : PANIER VAPEUR

1. Dans un bol, battez les œufs et ajoutez le concentré de tomates, la crème, la chapelure et le thon égoutté. Mélangez intimement.

2. Versez la préparation dans un petit moule. Insérez le **panier vapeur**, puis placez le moule dedans. Faites cuire 30 min en **mode sous pression**.

3. Placez au frais et dégustez froid avec une sauce cocktail ou mayonnaise.

LA RECETTE DE

Mimi

Clafoutis AUX TOMATES CERISES ET AU PARMESAN

INGRÉDIENTS

8 tomates cerises

50 g de parmesan râpé

2 œufs

10 feuilles de basilic

et aussi…

20 g de fécule de maïs
7 cl de crème liquide
10 cl de lait

POUR 4 PERSONNES
PRÉPARATION : 10 MIN
CUISSON : 15 MIN

OUTILS :
PANIER VAPEUR, VERRINES

1. Dans un saladier, mélangez la fécule avec la crème, puis ajoutez les œufs, le lait, le parmesan, le basilic haché, salez et poivrez. Répartissez dans 4 verrines, puis ajoutez 2 tomates cerises dans chaque verrine. Fermez les verrines avec leur couvercle.

2. Dans la cuve, versez 20 cl d'eau, puis insérez le **panier vapeur**. Placez les **verrines** dans le panier et faites cuire 15 min **en mode sous pression**. Laissez refroidir, puis placez au frais avant de déguster.

Astuce

Si vous n'avez pas les verrines spéciales Cookeo vous pouvez utiliser des petits ramequins.

LA RECETTE DE

Mimi

Flans DE COURGETTES AU CAMEMBERT

INGRÉDIENTS

2 courgettes

½ camembert

10 feuilles de persil plat

et aussi...

- 1 oignon
- 1 gousse d'ail
- 2 c. à soupe d'huile d'olive
- 2 œufs
- 40 g de crème fraîche

POUR 4 PERSONNES
PRÉPARATION : 10 MIN
CUISSON : 16 MIN

OUTILS :
PANIER VAPEUR, VERRINES

1. Coupez les courgettes en petits dés. Pelez et émincez l'oignon et l'ail. Hachez le persil.

2. Lancez le Cookeo en **mode dorer**, puis ajoutez l'huile. Faites revenir les courgettes avec les oignons et l'ail environ 5 min en remuant de temps en temps. Répartissez les courgettes dans 4 **verrines**.

3. Dans un saladier, mélangez les œufs avec la crème, le persil, du sel et du poivre. Répartissez la préparation dans les **verrines**. Enlevez la croûte du camembert et coupez-le en dés, puis ajoutez-les.

4. Dans la cuve, versez 20 cl d'eau et insérez le **panier vapeur**. Disposez les **verrines** avec leur couvercle dans le **panier**. Faites cuire 11 min en **mode sous pression**. Servez tiède ou froid.

Astuce

Si vous n'avez pas les verrines spéciales Cookeo vous pouvez utiliser des petits ramequins.

INGRÉDIENTS

250 g de pommes de terre

3 pavés de saumon

1 citron jaune

200 g de yaourt à la grecque

et aussi...

1 échalote
1 gousse d'ail
3 c. à soupe d'aneth ciselé

Salade DE POMMES DE TERRE AU SAUMON

POUR 4 PERSONNES
PRÉPARATION : 15 MIN
CUISSON : 14 MIN

OUTIL :
PANIER VAPEUR

1. Pelez les pommes de terre et coupez-les en dés. Mettez-les dans le **panier vapeur**. Versez 20 cl d'eau dans la cuve, insérez le **panier vapeur** et faites cuire 10 min en **mode sous pression**. Transvasez les pommes de terre dans un saladier et laissez-les refroidir.

2. Remettez 20 cl d'eau dans la cuve. Tapissez le fond du **panier vapeur** de papier sulfurisé. Insérez-le. Coupez les pavés de saumon en dés, arrosez-les avec le jus de ½ citron, puis placez-les dans le panier. Faites cuire 4 min en **mode sous pression**. Laissez refroidir.

3. Pelez et hachez l'échalote et l'ail. Mélangez-les avec le yaourt l'aneth, les zestes et le jus du ½ citron restant, salez et poivrez. Mélangez cette sauce avec les pommes de terre, puis ajoutez le saumon. Dégustez tiède ou froid.

Plats

INGRÉDIENTS

1 kg de poulet à cuire

12 petites pommes de terre

1 c. à soupe d'épices pour poulet

et aussi...

50 g de beurre
1 cube de bouillon de volaille

Poulet épicé ET POMMES DE TERRE

POUR 4 PERSONNES
PRÉPARATION : 10 MIN
CUISSON : 45 MIN

LA RECETTE DE SONIA

1. Faites fondre le beurre dans la cuve, puis faites-y revenir le poulet sur toutes ses faces, 10 min en **mode dorer**.

2. Placez les pommes de terre autour du poulet. Salez, poivrez et saupoudrez d'épices. Stoppez la cuisson.

3. Diluez le cube de bouillon dans 20 cl d'eau et versez dans la cuve. Faites cuire 35 min en **mode sous pression**.

INGRÉDIENTS

2 escalopes de poulet

600 g de pommes de terre

75 g de chorizo

et aussi...

1 oignon rouge
huile d'olive
1 c. à soupe de fond de volaille
20 cl de crème semi-épaisse
1 c. à soupe de fécule de maïs
cerfeuil

Poulet au chorizo ET POMMES DE TERRE

POUR 2 PERSONNES
PRÉPARATION : 10 MIN
CUISSON : 16 MIN

LA RECETTE DE INCE

1. Émincez le poulet et l'oignon, taillez le chorizo en fines tranches. Pelez les pommes de terre et coupez-les en dés.

2. Dans la cuve, faites revenir le poulet, le chorizo et l'oignon avec l'huile 3 min en **mode dorer**.

3. Ajoutez les pommes de terre, le fond de volaille dilué dans 20 cl, la crème, du sel et du poivre. Laissez cuire 13 min en **mode sous pression**.

4. Ajoutez la fécule, remuez bien, laissez reposer quelques minutes et servez. Ajoutez quelques rondelles de chorizo et quelques feuilles de cerfeuil au moment de servir.

INGRÉDIENTS

400 g de filets de poulet

1 c. à café de coriandre en poudre

1 c. à soupe de curcuma en poudre

350 g de tomates concassées

et aussi...

1 c. à café de garam masala
1 c. à café de gingembre moulu
1 pincée de paprika doux
1 gousse d'ail
1 oignon
1 poivron rouge
1 yaourt nature
10 cl de crème de coco allégée
huile d'olive
menthe, coriandre

Poulet TIKKA MASALA

LA RECETTE DE EMY LI

POUR 2 PERSONNES
PRÉPARATION : 25 MIN
CUISSON : 30 MIN
RÉFRIGÉRATION : 1 NUIT

OUTILS :
MÉLANGEUR, BATTEUR

1. La veille, pelez et émincez grossièrement l'ail et coupez le poulet en dés. Mixez toutes les épices avec l'ail et les tomates concassées jusqu'à obtenir une pâte. Versez dans un saladier, ajoutez les dés de poulet, mélangez et filmez. Placez une nuit au frais.

2. Pelez et émincez l'oignon, épépinez le poivron et coupez-le en dés. Faites-les revenir quelques minutes dans la cuve avec l'huile en **mode dorer**.

3. Égouttez le poulet en gardant la marinade. Versez la marinade et le yaourt dans la cuve et laissez cuire 10 min en **mode mijoter**.

4. Ajoutez la viande et laissez mijoter 20 min. Un peu avant la fin de la cuisson, ajoutez la crème de coco pour obtenir une sauce onctueuse. Parsemez d'herbes fraîches et servez avec du riz, des légumes ou une purée de patates douces.

INGRÉDIENTS

3 cuisses de poulet très grosses ou 6 petites

1 bonne poignée de mélange de fruits (amandes, cajou, noix, raisins...)

15 pruneaux dénoyautés tendres

15 abricots secs tendres

et aussi...

3 gros oignons rouges ou blancs
4 grosses pommes de terre
huile d'olive
250 g de pois chiches en bocal
250 g de tomates concassées en conserve
2 c. à soupe d'épices pour tajine
quelques feuilles de menthe

Tajine au poulet, PRUNEAUX, ABRICOTS ET FRUITS SECS

POUR 6 PERSONNES
PRÉPARATION : 20 MIN
CUISSON : 35 MIN

LA RECETTE DE ÉMELINE PHICHATS

1. Pelez et taillez les oignons et les pommes de terre en gros dés. Mettez les oignons dans la cuve avec les cuisses de poulet, arrosez d'huile et ajoutez 5 cl d'eau. Faites revenir 10 min en **mode dorer** en remuant souvent.

2. Dans la cuve, ajoutez le mélange de fruits, les pruneaux, les abricots, les pommes de terre, les pois chiches égouttés, les tomates avec leur jus et 10 cl d'eau. Versez les épices, salez et poivrez. Faites cuire 25 min en **mode sous pression**.

3. Transvasez dans un plat de service et décorez de feuilles de menthe. Servez avec de la semoule.

Astuce

Vous pouvez ajouter un cube de bouillon volaille avec les épices et 4 carottes coupées en gros tronçons pour agrémenter la recette.

INGRÉDIENTS

Nouilles chinoises AU POULET

250 g de nouilles chinoises

250 g de poulet

3 c. à soupe de sauce soja sucrée

1 poivron (rouge de préférence)

et aussi...

1 oignon blanc
3 c. à café d'huile végétale
2 tomates pelées
½ gousse d'ail
3 c. à café de fond de volaille
1 oignon nouveau
cerfeuil

POUR 4 PERSONNES
PRÉPARATION : 15 MIN
CUISSON : 15 MIN

LA RECETTE DE CHACHARELOTTE

1. Émincez le poulet et l'oignon. Faites-les revenir avec la sauce soja et l'huile 7 min en **mode dorer**.

2. Émincez les tomates, le poivron et l'ail, puis ajoutez-les dans la cuve et chauffez 5 min de plus en **mode dorer**.

3. Incorporez les nouilles, dispersez-les au mieux et couvrez avec le fond de volaille délayé dans de l'eau. Salez et poivrez. Faites cuire 3 min en **mode sous pression**. Servez chaud. Parsemez d'herbes fraîches et d'oignon nouveau ciselé.

Astuce

Adaptez les proportions selon vos envies. Vous pouvez aussi mettre des champignons émincés et les ajouter en même temps que les tomates.

INGRÉDIENTS

2 filets de poulet

3 poivrons tricolores

2 petites tomates

10 g de noix de coco râpée

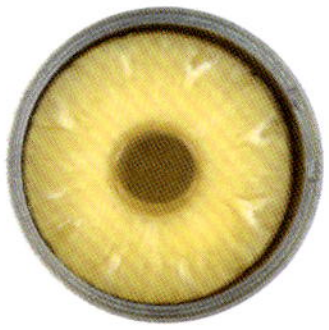

75 g d'ananas en conserve

et aussi...

1 c. à soupe d'huile
1 c. à soupe de miel
1 c. à soupe de sauce soja
½ c. à café de gingembre en poudre
½ c. à café de piment d'Espelette
1 citron vert
sésame

Poulet FAÇON THAÏE

POUR 2 PERSONNES
PRÉPARATION : 15 MIN
CUISSON : 6 À 8 MIN

LA RECETTE DE INCE

1. Émincez le poulet, les poivrons et les tomates.

2. Dans la cuve, faites revenir le poulet avec l'huile 1 à 3 min en **mode dorer**.

3. Ajoutez le reste des ingrédients, 20 cl et assaisonnez. Chauffez 1 min de plus, puis prolongez la cuisson de 4 min en **mode sous pression**. Ajoutez des morceaux de citron vert et parsemez de sésame. Servez chaud.

INGRÉDIENTS

4 cuisses de poulet sans la peau

2 courgettes

2 poivrons

et aussi...

1 aubergine (facultatif)
1 oignon
4 gousses d'ail
1 c. à soupe d'huile d'olive
1 c. à café de paprika doux
10 cl de vin blanc
20 cl de pulpe de tomate
2 c. à soupe de pimentón (ou paprika fumé)
1 c. à café de piment doux
1 c. à café de thym séché
1 c. à café de romarin séché
1 c. à café d'origan séché
basilic

Poulet basquaise AU PIMENTÓN

POUR 4 PERSONNES
PRÉPARATION : 10 MIN
CUISSON : 26 MIN

LA RECETTE DE CHACHALILOU

1. Coupez les courgettes en rondelles épaisses. Coupez l'aubergine en deux dans la longueur, puis en rondelles épaisses. Épépinez le poivron et taillez-le en lanières. Pelez et hachez finement l'oignon et l'ail.

2. Dans la cuve, faites revenir le poulet, l'oignon et l'ail 5 min avec l'huile en **mode dorer**. Remuez de temps en temps. Ajoutez le paprika et remuez. Laissez dorer 5 min. Déglacez avec le vin blanc et laissez rissoler 1 min.

3. Ajoutez les légumes, la pulpe de tomate, le reste des épices et les herbes. Salez et poivrez. Faites cuire 15 min en **mode sous pression**. Parsemez de basilic. Servez avec du riz.

Note

Vous pouvez remplacer la pulpe de tomate par des tomates pelées en veillant à ôter le jus de la boîte.

INGRÉDIENTS

4 filets de poulet

1 oignon

1 œuf

½ verre de vin blanc

2 c. à soupe d'olives vertes

et aussi…

3 c. à soupe de farine
3 c. à soupe de crème liquide à 4 % de MG
1 c. à café d'estragon (facultatif)
huile pour le moule

Terrine DE POULET

LA RECETTE DE SANDY

POUR 6 PERSONNES
PRÉPARATION : 10 MIN
CUISSON : 35 MIN

OUTIL :
PANIER VAPEUR

1. Hachez finement 3 filets de poulet et coupez le dernier en petits morceaux. Pelez et émincez l'oignon. Mélangez tous les ingrédients avec 1 c. à café de sel et ½ c. à café de poivre. Versez dans un moule préalablement huilé et tassez.

2. Versez 40 cl d'eau dans la cuve, insérez le **panier vapeur** contenant le moule et recouvrez d'une assiette. Faites cuire 35 min **en mode sous pression**. Servez avec une salade verte.

INGRÉDIENTS

1 magret de canard

3 poivrons tricolores

1 courgette

5 petites pommes de terre

et aussi…

1 oignon jaune
1 c. à soupe d'huile d'olive
1 pincée d'ail en poudre
1 pincée d'ail pilé
persil
30 cl de bouillon de poule

Magret de canard AUX POIVRONS ET POMMES DE TERRE

POUR 2 PERSONNES
PRÉPARATION : 15 MIN
CUISSON : 14 MIN

LA RECETTE DE CATH

1. Coupez les légumes en morceaux.

2. Dans la cuve, faites dorer le magret avec l'huile 5 min en **mode dorer**. Réservez.

3. Faites dorer les poivrons, la courgette et les pommes de terre avec l'oignon, l'ail et le persil 5 min en **mode dorer**, puis posez le magret sur les légumes.

4. Ajoutez le bouillon, salez, poivrez et faites cuire 4 min en **mode sous pression**.

Moulinex
ok

INGRÉDIENTS

800 g de dinde

12 pruneaux

100 g d'oignons grelots

600 g de carottes

et aussi...

15 cl de jus d'orange
4 c. à soupe d'huile de tournesol
1 c. à café de quatre-épices

Sauté de dinde
AUX PRUNEAUX

POUR 4 PERSONNES
PRÉPARATION : 10 MIN
CUISSON : 13 MIN

LA RECETTE DE ELLYPTIC

1. Pelez les oignons. épluchez les carottes et coupez-les en rondelles ainsi que la dinde en morceaux.

2. Versez l'huile dans la cuve et faites revenir la dinde 3 min en **mode dorer**.

3. Ajoutez les autres ingrédients, salez, poivrez et faites cuire 10 min en **mode sous pression**. Servez avec du quinoa par exemple.

Dinde À LA MOUTARDE ET AU CHEDDAR

INGRÉDIENTS

750 g d'escalope de dinde

600 g de pommes de terre en conserve

4 c. à soupe de moutarde

200 g de tranches de cheddar

et aussi...

50 g de crème fraîche
1 filet d'huile
oignon
cerfeuil

POUR 4 PERSONNES
PRÉPARATION : 10 MIN
CUISSON : 15 MIN

LA RECETTE DE SANDRA79

1. Coupez la dinde et les pommes de terre en morceaux et mettez-les dans la cuve. Lancez le Cookeo en **mode dorer** pendant 5 min. Ajoutez huile, l'oignon émincé, la crème et la moutarde, puis mélangez.

2. Placez le cheddar par-dessus, sans mélanger. Faites cuire 10 min en **mode sous pression**.

3. À la fin de la cuisson, mélangez, salez, poivrez et parsemez de cerfeuil. Dégustez chaud.

Note

Ne mélangez surtout pas le cheddar avant de faire cuire sous pression, sans quoi il attachera au fond...

INGRÉDIENTS

300 g de bœuf

2 oignons

3 c. à soupe de sauce soja sucrée

et aussi...

1 cube de bouillon de bœuf
1 c. à soupe d'huile d'olive
1 c. à soupe de Sauceline®
1 oignon nouveau
ciboulette

Bœuf AUX OIGNONS

POUR 2 PERSONNES
PRÉPARATION : 10 MIN
CUISSON : 25 À 30 MIN

LA RECETTE DE SANDY

1. Émincez le bœuf et les oignons. Versez l'huile dans la cuve et lancez le **mode dorer**. Faites roussir les oignons 5 min.

2. Ajoutez le bœuf, la sauce soja et le cube de bouillon. Recouvrez de 30 cl d'eau et laissez cuire 20 à 25 min en **mode dorer**.

3. En fin de cuisson, incorporez la Sauceline® pour faire épaissir la sauce. Parsemez d'oignon frais ciselé et de ciboulette. Servez avec une purée.

INGRÉDIENTS

800 g de filet mignon de porc

10 pruneaux

1 grosse échalote

et aussi...

2 c. à soupe d'huile
20 cl de fond de veau
10 cl de crème liquide

Filet mignon DE PORC AUX PRUNEAUX

POUR 4 PERSONNES
PRÉPARATION : 10 MIN
CUISSON : 10 MIN

LA RECETTE DE MILANES

1. Pelez et émincez l'échalote, coupez les pruneaux en deux et le filet mignon en morceaux de 2-3 cm de côté.

2. Dans la cuve, versez l'huile et faites revenir les morceaux de porc 3 min en **mode dorer**.

3. Ajoutez les échalotes, les pruneaux, du sel et du poivre, mélangez, puis versez le fond de veau. Faites cuire 7 min en **mode sous pression**. Incorporez la crème liquide et servez.

Note

Vous pouvez accompagner ce plat de pommes de terre sautées à l'ail et au persil, par exemple.

Moulinex
ok

INGRÉDIENTS

Paupiettes de veau
À LA CRÈME DE MOUTARDE

8 paupiettes de veau

1 oignon

1 c. à café de moutarde de Dijon

1 c. à café de moutarde à l'ancienne

POUR 4 PERSONNES
PRÉPARATION : 10 MIN
CUISSON : 29 MIN

LA RECETTE DE

Mimi

1. Pelez et émincez l'oignon. Hachez le persil.

2. Lancez le Cookeo en **mode dorer**, puis mettez dans la cuve l'huile et l'oignon. Faites revenir 2 min en remuant de temps en temps. Ajoutez les paupiettes, puis faites-les dorer 5 min en les retournant de temps en temps.

3. Ajoutez le fond de veau, mélangez à l'aide d'une cuillère en bois. Versez 45 cl d'eau, puis salez et faites cuire 12 min en **mode sous pression**.

4. Dans un bol, mélangez la crème avec le piment d'Espelette, les moutardes et le persil. Versez ce mélange dans la cuve, mélangez avec une cuillère en bois et laissez au moins 10 min en **mode maintien au chaud**, jusqu'à ce que la sauce épaississe.

et aussi...

10 feuilles de persil plat
1 c. à soupe d'huile d'olive
1 c. à soupe de fond de veau
200 g de crème fraîche
1 c. à café rase de piment d'Espelette

Moulinex
cookeo +

INGRÉDIENTS

Porc AUX LENTILLES

4 saucisses fumées

1 palette fumée

500 g de lentilles

4 carottes

150 g de lardons nature

et aussi…

2 oignons
2 feuilles de laurier

POUR 4 PERSONNES
PRÉPARATION : 10 MIN
CUISSON : 23 MIN

LA RECETTE DE MAGALI-BRESSOLLES

1. Coupez les saucisses en rondelles. Pelez les carottes et coupez-les en rondelles. Épluchez et émincez les oignons.

2. Mettez les lardons, les oignons, les saucisses et la palette dans la cuve, puis faites revenir 3 min en **mode dorer**.

3. Ajoutez les lentilles, les carottes, 1,5 l d'eau et les feuilles de laurier. Salez et poivrez, puis faites cuire 20 min en **mode sous pression**.

INGRÉDIENTS

Rougail saucisse
SANS ÉPICES

2 saucisses fumées
(type Montbéllard)

200 g de riz

2 oignons

2 tomates

1 poivron

POUR 2 PERSONNES
PRÉPARATION : 10 MIN
CUISSON : 7 MIN

LA RECETTE DE DIVINE LULU

1. Faites cuire le riz dans une casserole d'eau bouillante salée. Pendant ce temps, pelez et émincez les oignons. Coupez les saucisses en rondelles de 1 cm et les tomates en dés. Épépinez le poivron et détaillez-le en lanières.

2. Dans la cuve, faites rissoler les oignons avec l'huile 3 min en **mode dorer**.

3. Ajoutez les saucisses, les tomates, le poivron, les herbes, le curcuma, du sel, du poivre et 10 cl d'eau et laissez cuire 4 min en **mode sous pression**.

4. Égouttez la préparation dans une passoire et servez avec le riz.

Astuce

Pensez bien à lancer la cuisson du riz à part dès le début pour que tout soit prêt en même temps. Sinon laissez l'appareil en mode maintien au chaud le temps de cuire le riz.

et aussi...

2 c. à soupe d'huile d'olive
1 c. à café d'herbes de Provence
1 c. à café de curcuma

Sauté de porc
À LA BIÈRE

INGRÉDIENTS

1 kg de sauté de porc

25 cl de bière

250 g de carottes

100 g de champignons de Paris frais

200 g de riz

POUR 4 PERSONNES
PRÉPARATION : 15 MIN
CUISSON : 28 MIN

LA RECETTE DE NAT

1. Faites cuire le riz dans une casserolle d'eau bouillante salée. Pelez et émincez l'oignon et l'ail. Pelez les carottes et coupez-les en rondelles. Émincez les champignons.

2. Dans la cuve, faites revenir la viande avec l'oignon et l'ail 3 min en **mode dorer**.

3. Ajoutez le reste des ingrédients, 30 cl d'eau, du sel et du poivre, puis mélangez bien et faites cuire 25 min en **mode sous pression**.

Astuce

Pensez bien à lancer la cuisson du riz à part dès le début pour que tout soit prêt en même temps. Sinon laissez l'appareil en mode maintien au chaud le temps de cuire le riz.

et aussi...

1 oignon
1 gousse d'ail
1 petite boîte de concentré de tomate
2 c. à soupe de fond de veau
1 c. à soupe de miel
1 c. à café de coriandre en poudre
1 c. à café de gingembre en poudre

INGRÉDIENTS

400 g de porc sauté ou rôti

2 carottes

3 c. à soupe de gelée de framboise ou de groseille

10 cl de vin rouge

et aussi…

1 oignon
3 c. à soupe d'huile
1 c. à café de farine
1 c. à café de moutarde
1 c. à café de fond de rôti
persil
groseilles fraîches

Porc
SAUCE GRAND VENEUR

POUR 2 PERSONNES
PRÉPARATION : 15 MIN
CUISSON : 25 À 30 MIN

LA RECETTE DE MES3AMOUYES

1. Coupez le porc en dés, pelez les carottes et l'oignon et émincez-les.

2. Dans la cuve, faites revenir l'oignon et le porc avec l'huile en **mode dorer**. Salez et poivrez. Arrêtez le **mode dorer** dès que la viande est colorée (comptez 5 à 8 min).

3. Ajoutez les carottes et la farine. Badigeonnez de moutarde et de gelée. Versez le vin, 10 cl d'eau et le fond de rôti et faites cuire 20 min en **mode sous pression**. Parsemez de groseilles et de persil avant de servir.

Astuce
Si la sauce est trop liquide, ajoutez un peu de Sauceline® et terminez la cuisson 1 ou 2 min en mode dorer.

INGRÉDIENTS

300 g de riz arborio

80 g de tomates séchées

80 g de chorizo

50 g de parmesan râpé

et aussi…

1 oignon
5 cl d'huile d'olive
90 cl de bouillon de volaille
8 cl de vin blanc
basilic

Risotto AUX TOMATES SÉCHÉES ET AU CHORIZO

POUR 2 PERSONNES
PRÉPARATION : 10 MIN
CUISSON : 14 MIN

LA RECETTE DE MANONTY

1. Pelez et émincez l'oignon et faites-le revenir dans la cuve avec l'huile d'olive en **mode dorer**.

2. Incorporez le riz, le bouillon et le vin. Passez en **mode cuisson rapide** pour 12 min.

3. Coupez le chorizo en fines tranches. Ajoutez-les dans la cuve avec les tomates séchées, le parmesan, le basilic effeuillé, du sel et du poivre. Remuez, puis passez en **mode maintien au chaud** pour 2 min.

Note

Pas d'inquiétude s'il reste de l'eau à la fin de la cuisson rapide, le parmesan va venir épaissir le mélange. Ajustez la quantité de tomates séchées et de chorizo selon vos goûts.

INGRÉDIENTS

1 aubergine

150 g de viande hachée

1 boule de mozzarella

et aussi…

huile d'olive
½ oignon
2 gousses d'ail
1 c. à café de paprika
1 c. à café de curcuma
2 c. à café de persil
100 g de sauce au pistou

Aubergines FARCIES

LA RECETTE DE

Mimi

POUR 2 PERSONNES
PRÉPARATION : 10 MIN
CUISSON : 18 MIN

OUTIL :
PANIER VAPEUR

1. Coupez l'aubergine en deux dans le sens de la longueur. Incisez la chair. Badigeonnez d'huile d'olive. Lancez le Cookeo en **mode dorer**, puis versez un fond d'huile dans la cuve. Déposez les aubergines côté chair. Laissez dorer environ 5 min, jusqu'à ce que la chair devienne tendre. Avec une cuillère, creusez la chair des aubergines.

2. Pelez et émincez l'oignon et l'ail. Dans la cuve, faites-les revenir avec de l'huile d'olive 3 min en **mode dorer**.

3. Dans un saladier, mélangez la viande avec l'oignon, l'ail, le paprika, le curcuma, le persil ciselé, la chair d'aubergine, la sauce au pistou, du sel et du poivre. Répartissez la farce dans les 2 aubergines, puis parsemez de dés de mozzarella.

4. Versez 20 cl d'eau dans la cuve, puis insérez le **panier vapeur** avec les aubergines farcies. Faites cuire 10 min en **mode sous pression**. Servez aussitôt.

INGRÉDIENTS

25 boulettes de viande

500 g de purée de tomate

500 g de pâtes

et aussi...

basilic
parmesan

One pot pasta AUX BOULETTES

POUR 6 PERSONNES
PRÉPARATION : 5 MIN
CUISSON : 10 MIN

LA RECETTE DE TITI6083

1. Mettez les boulettes dans la cuve. Ajoutez la purée de tomate, 60 cl d'eau et les pâtes, puis faites cuire 10 min en **mode sous pression**.

2. Saupoudrez de parmesan et ajoutez quelques feuilles de basilic avant de servir.

Astuce

Vous pouvez décliner cette recette en ajoutant à l'envi des épices, des herbes, des oignons…

One pot pasta
AU BŒUF ET AUX POIVRONS

INGRÉDIENTS

300 g de penne

200 g de bœuf haché

200 g de poivrons rouges

100 g d'oignons

200 g de lardons

125 g de mozzarella

et aussi...

1 cube de bouillon de bœuf
5 c. à soupe de sauce barbecue

POUR 4 PERSONNES
PRÉPARATION : 10 MIN
CUISSON : 12 MIN

LA RECETTE DE DELPHINE

1. Pelez et ciselez les oignons. Épépinez les poivrons et coupez-les en morceaux.

2. Faites revenir les oignons dans la cuve avec les lardons 1 min en **mode dorer**. Ajoutez la viande et les poivrons et faites revenir 3 min.

3. Versez les pâtes, le cube de bouillon, 60 cl d'eau, du sel et du poivre, puis mélangez et faites cuire 8 min en **mode sous pression**.

4. Incorporez la mozzarella et la sauce barbecue et servez.

Astuce

Pour accentuer les saveurs, vous pouvez saupoudrer le plat de parmesan au moment de servir.

LA RECETTE COUP DE ♥ DU JURY MOULINEX

Œufs cocotte
AUX LARDONS

LA RECETTE DE LAETI-BRESSOLLETE

INGRÉDIENTS

4 œufs

75 g de lardons allumettes

2 pommes de terre

2 champignons

4 c. à café de crème fraîche

POUR 4 PERSONNES
PRÉPARATION : 10 MIN
CUISSON : 33 MIN ENVIRON

OUTIL :
PANIER VAPEUR

1. Mettez les pommes de terre entières dans le **panier vapeur**, puis insérez-le dans la cuve avec 25 cl d'eau. Faites cuire environ 30 min en **mode sous pression**.

2. Pelez les pommes de terre et émincez-les ainsi que les champignons. Dans 4 ramequins, répartissez la crème, la pomme de terre, les lardons et les champignons. Surmontez d'un œuf, salez et poivrez.

3. Placez les ramequins dans le **panier vapeur**, insérez celui-ci et versez 15 cl d'eau dans la cuve. Faites cuire 3 min en **mode sous pression**. Servez les œufs cocotte avec de la salade.

INGRÉDIENTS

10 œufs

600 g de pommes de terre

200 g de lardons fumés

200 g d'oignons

et aussi...

1 c. à café de persil
1 c. à café de cumin
ail
herbes fraîches (persil, coriandre...)

Omelette,
POMMES DE TERRE ET LARDONS

POUR 4 PERSONNES
PRÉPARATION : 10 MIN
CUISSON : 20 MIN

LA RECETTE DE BRENDA

1. Coupez les pommes de terre en fines lamelles. Battez les œufs dans un saladier avec le persil et le cumin. Réservez.

2. Dans la cuve, faites revenir les oignons émincés en **mode dorer**. Ajoutez les lardons, l'ail émincé puis les lamelles de pommes de terre et laissez colorer 5 min.

3. Ajoutez ce mélange dans le saladier avec les œufs et mélangez bien. Versez dans la cuve, ajoutez 20 cl d'eau sur la préparation et laissez cuire 15 min en **mode sous pression**. Parsemez d'herbes fraîches et servez avec une salade verte.

Potée de choux
DE BRUXELLES

INGRÉDIENTS

1 kg de choux de Bruxelles

3 patates douces

3 pommes de terre

250 g de lardons

4 merguez

et aussi...

noix de muscade
1 c. à soupe d'huile
1 cube de bouillon de légumes

POUR 4 PERSONNES
PRÉPARATION : 20 MIN
CUISSON : 14 MIN

LA RECETTE DE MYDADDYD

1. Pelez les patates douces et les pommes de terre. Ôtez les feuilles abîmées des choux de Bruxelles.

2. Faites revenir les lardons et les merguez 3 min en **mode dorer**.

3. Ajoutez tous les ingrédients, versez 25 cl d'eau et mélangez. Faites cuire 11 min en **mode sous pression** et servez.

LA RECETTE DE SARAH

INGRÉDIENTS

2 filets de cabillaud

½ citron jaune

½ poivron rouge

½ poivron jaune

Cabillaud vapeur AU CITRON ET AUX POIVRONS

POUR 2 PERSONNES
PRÉPARATION : 10 MIN
CUISSON : 7 MIN

OUTIL :
PANIER VAPEUR

1. Coupez les poivrons en lamelles et le citron en tranches.

2. Déposez les filets de poisson dans le **panier vapeur**, puis déposez les poivrons et le citron sur les filets. Assaisonnez. Versez 20 cl d'eau dans la cuve, insérez le **panier vapeur** et faites cuire 7 min en sélectionnant dans le menu du Cookeo « **ingrédients** », puis « **poisson** ».

Curry DE CABILLAUD

INGRÉDIENTS

400 g de dos de cabillaud

3 échalotes

2 gousses d'ail

20 cl de lait de coco

1 c. à café de cumin moulu

1 c. à soupe de curcuma

POUR 4 PERSONNES
PRÉPARATION : 10 MIN
MARINADE : 1 H
CUISSON : 10 MIN

LA RECETTE DE

Mimi

1. Pelez et émincez les échalotes et l'ail. Mélangez le lait de coco avec le cumin et le curcuma. Versez dans un plat sur les dos de cabillaud et laissez mariner 1 h au frais.

2. Dans la cuve, versez l'huile, puis chauffez en **mode dorer**. Faites revenir les échalotes et l'ail 5 min en remuant de temps en temps.

3. Ajoutez la chair de tomate avec le jus, le lait de coco avec les épices et les dos de cabillaud. Salez et poivrez, puis faites cuire 5 min en **mode sous pression**. Rectifiez l'assaisonnement et parsemez de coriandre ciselée avant de servir.

et aussi...

1 c. à soupe d'huile
190 g de chair de tomate en conserve
1 bouquet de criandre

INGRÉDIENTS

Colombo DE POISSON

400 g de pavés de colin surgelés

1 aubergine

2 pommes de terre

1 c. à soupe d'épices à colombo

et aussi...

2 oignons
2 gousses d'ail
1 c. à soupe d'huile d'olive
1 c. à café de fécule de maïs
1 c. à soupe de curcuma
200 g de chair de tomate en conserve
1 bouquet de coriandre

POUR 4 PERSONNES
PRÉPARATION : 15 MIN
CUISSON : 9 MIN

LA RECETTE DE

Mimi

1. Pelez et émincez les oignons et l'ail. Coupez l'aubergine en dés. Pelez les pommes de terre et détaillez-les également en dés.

2. Lancez le Cookeo en **mode dorer**. Versez l'huile dans la cuve, ajoutez les oignons et l'ail, puis laissez revenir 3 min en remuant de temps en temps. Ajoutez les aubergines, les pommes de terre et la fécule. Mélangez à l'aide d'une cuillère en bois.

3. Ajoutez le curcuma et les épices à colombo, puis la chair de tomate. Mélangez de nouveau, puis versez 20 cl d'eau. Déposez les pavés de colin, salez et poivrez, puis faites cuire 6 min en **mode sous pression**. Ciselez la coriandre sur le plat juste avant de servir.

INGRÉDIENTS

Risotto au colin
ET AUX PETITS POIS

140 g de riz rond

2 filets de colin surgelés

125 g de petit pois surgelés

2 c. à soupe de parmesan râpé

et aussi…

1 oignon
1 c. à soupe d'huile d'olive
2 c. à café de fumet de poisson
5 cl de vin blanc
20 cl de crème de soja

POUR 4 PERSONNES
PRÉPARATION : 10 MIN
CUISSON : 10 MIN

LA RECETTE DE LOLLIPOPS

1. Pelez et hachez l'oignon. Versez l'huile dans la cuve et faites revenir le riz avec l'oignon en **mode dorer** jusqu'à ce qu'il soit nacré.

2. Préparez le bouillon en mélangeant le fumet de poisson et 35 cl d'eau. Versez-le bouillon dans la cuve, ainsi que le vin, les petits pois et la crème de soja. Posez les filets de colin sur le dessus. Faites cuire 8 min en **mode sous pression**.

3. Une fois la cuisson terminée, ajoutez le parmesan et servez.

INGRÉDIENTS

250 g de filets de merlan

25 g de chorizo en tranches

et aussi…

2 c. à soupe d'huile d'olive
2 pincées de persil
1 pincée de graines de sésame noir

Filets de merlan AU CHORIZO

LA RECETTE DE GOZDE

POUR 2 PERSONNES
PRÉPARATION : 10 MIN
CUISSON : 8 MIN

OUTIL :
PANIER VAPEUR

1. Faites mariner les filets de poisson quelques minutes dans l'huile d'olive. Étalez un morceau de film alimentaire puis placez les tranches de chorizo en les faisant se chevaucher. Disposez les filets de poisson, refermez en serrant bien et en nouant aux extrémités.

2. Versez 20 cl d'eau dans la cuve. Placez le poisson dans le **panier vapeur**. Insérez le **panier** dans la cuve et faites cuire 5 min en **mode sous pression**.

3. Sortez le poisson du film alimentaire puis saupoudrez-le de graines de sésame et de persil. Servez avec du riz ou du quinoa et des poivrons marinés, par exemple.

LA RECETTE DE YOYO

INGRÉDIENTS

1 filet de lieu noir

2 côtes de blettes

Ballottines
DE LIEU NOIR ET BLETTES

POUR 2 PERSONNES
PRÉPARATION : 25 MIN
CUISSON : 16 MIN

OUTIL :
PANIER VAPEUR

et aussi...

6 c. à soupe de crème fraîche
50 g de beurre
2 c. à soupe de jus de citron
1 c. à soupe d'estragon

1. Coupez les blettes en morceaux de 2 cm sauf 4 grandes feuilles, mettez les morceaux dans le **panier vapeur**. Versez 20 cl d'eau dans la cuve. Insérez le **panier** et faites cuire 10 min en **mode sous pression**. Transvasez dans une casserole à feu doux en ajoutant 2 c. à soupe de crème, du sel et du poivre.

2. Formez 4 ballottines en enveloppant le lieu noir dans les feuilles de blettes réservées, puis dans plusieurs tours de film alimentaire bien serré. Faites un nœud de chaque côté. Versez 20 cl d'eau dans la cuve et déposez les ballottines dans le **panier vapeur**. Insérez le **panier** et faites cuire 6 min en **mode sous pression**.

3. Dans une casserole, chauffez le beurre avec le reste de crème, le jus de citron, l'estragon, du sel et du poivre cinq baies. Servez le poisson nappé de cette sauce et accompagné des blettes.

Note

Ajustez la quantité de jus de citron en fonction de vos goûts.

INGRÉDIENTS

Filets de lieu noir
AUX OLIVES ET À LA TOMATE

500 g de filet de lieu noir

400 g de tomates concassées

50 g d'olives noires dénoyautées

et aussi…

1 oignon
2 gousses d'ail
1 c. à soupe d'huile d'olive
1 c. à soupe de miel liquide
1 c. à café rase de piment d'Espelette
1 c. à café d'origan
persil

POUR 4 PERSONNES
PRÉPARATION : 10 MIN
CUISSON : 6 MIN

LA RECETTE DE

Mimi

1. Pelez et émincez l'oignon et l'ail. Coupez les olives en rondelles.

2. Dans la cuve, versez l'huile, puis chauffez en **mode dorer**. Ajoutez l'oignon et l'ail et laissez revenir 3 min en remuant de temps en temps.

3. Ajoutez les tomates concassées, les olives, le miel, le piment d'Espelette, l'origan et salez. Coupez le filet de lieu en 4 portions et déposez-les dans la cuve. Faites cuire 3 min en **mode sous pression**. Rectifiez l'assaisonnement et parsemez de persil ciselé avant de servir.

INGRÉDIENTS

2 pavés de saumon

1 orange

1 citron jaune

1 citron vert

1 courgette

et aussi…

1 c. à soupe de sauce béarnaise
1 brin d'aneth

Saumon AUX AGRUMES EN PAPILLOTE

LA RECETTE DE CHRISTELAURE

POUR 2 PERSONNES
PRÉPARATION : 5 MIN
CUISSON : 10 MIN

OUTIL :
PANIER VAPEUR

1. Mettez les pavés de saumon dans un sachet spécial papillote. Coupez 2 rondelles d'orange et de citron jaune, 1 rondelle de citron vert et 6 rondelles fines de courgette, et mettez-les dans la papillote. Refermez la papillote et placez-la dans le **panier vapeur**. Versez 20 cl d'eau dans la cuve, insérez le **panier** et faites cuire 10 min en **mode sous pression**.

2. Répartissez le contenu de la papillote dans des assiettes. Accompagnez de sauce béarnaise et décorez avec l'aneth.

INGRÉDIENTS

Blanquette AU SAUMON ET AU LAIT DE COCO

300 g de saumon

15 cl de lait coco

200 g de champignons

500 g de courgettes

et aussi…

50 g d'oignon
100 g de petits pois surgelés
1 c. à soupe d'huile
190 g de riz
1 pincée de curry

POUR 4 PERSONNES
PRÉPARATION : 15 MIN
CUISSON : 13 MIN

LA RECETTE DE CELINE2111

1. Pelez et émincez l'oignon et les champignons et coupez le saumon et les courgettes en dés.

2. Versez l'huile dans la cuve. Faites revenir les oignons, puis les champignons 3 min en **mode dorer**.

3. Ajoutez tous les ingrédients sauf le lait de coco. Versez 25 cl d'eau, salez, poivrez et faites cuire 10 min en **mode sous pression**. Incorporez le lait de coco, mélangez et servez.

INGRÉDIENTS

4 pavés de saumon

2 gousses d'ail

6 c. à soupe de sauce tamari ou de sauce soja

2 pincées de gingembre râpé

et aussi…

2 c. à café de fécule de maïs
2 c. à café de miel
2 c. à soupe de cassonade
1 oignon nouveau
coriandre, ciboulette

Saumon vapeur FAÇON TERIYAKI

LA RECETTE DE

POUR 4 PERSONNES
PRÉPARATION : 5 MIN
CUISSON : 5 MIN

OUTIL :
PANIER VAPEUR

1. Pelez et hachez l'ail. Dans un bol, délayez la fécule avec la sauce tamari. Ajoutez l'ail, le gingembre, la cassonade et le miel.

2. Placez les pavés de saumon dans le **panier vapeur** tapissé de papier sulfurisé et arrosez-les avec le contenu du bol. Versez 20 cl d'eau dans la cuve et insérez le **panier**. Faites cuire 5 min en **mode sous pression**.

3. Parsemez d'oignon nouveau ciselé et d'herbes fraîches et servez avec du riz.

INGRÉDIENTS

Mijoté de lotte
AUX ÉPICES ET AU LAIT DE COCO

12 joues de lotte

1 c. à café de cumin

1 c. à café de gingembre moulu

1 c. à café de paprika

1 c. à café de cannelle en poudre

40 cl de lait de coco

et aussi…

1 échalote
1 c. à soupe d'huile d'olive
coriandre

POUR 4 PERSONNES
PRÉPARATION : 5 MIN
CUISSON : 9 MIN

LA RECETTE DE

Mimi

1. Pelez et émincez l'échalote. Lancez le Cookeo en **mode dorer**, puis versez l'huile et l'échalote. Faites revenir 3 min en remuant de temps en temps.

2. Ajoutez les joues de lotte, le cumin, le gingembre, le paprika, la cannelle, le lait de coco et salez. Faites cuire 6 min en **mode sous pression**. Parsemez de coriandre ciselée avant de servir.

INGRÉDIENTS

Riz pilaf AU POISSON ET AUX CREVETTES

200 g de riz blanc

400 g de filets de cabillaud

8 crevettes roses décortiquées

et aussi…

2 oignons
1 cube de bouillon de légumes
3 c. à soupe d'huile d'olive
persil

POUR 4 PERSONNES
PRÉPARATION : 10 MIN
CUISSON : 10 MIN

LA RECETTE DE

Mimi

1. Pelez et émincez les oignons. Diluez le cube de bouillon dans 60 cl d'eau.

2. Lancez le Cookeo en **mode dorer**, puis versez l'huile et les oignons. Laissez revenir 3 min en remuant de temps en temps. Ajoutez le riz, puis mélangez avec une cuillère en bois jusqu'à ce qu'il devienne translucide.

3. Versez le bouillon, puis déposez les filets de cabillaud. Salez et poivrez, puis faites cuire 6 min en **mode sous pression**. Ajoutez les crevettes et mélangez avec une cuillère en bois, le poisson va s'émietter. Parsemez de persil ciselé avant de servir.

INGRÉDIENTS

200 g de riz parfumé

200 g de petites crevettes décortiquées

150 g de petits pois surgelés

2 œufs

2 c. à soupe de sauce soja

et aussi...
coriandre

Riz cantonais
AUX CREVETTES

POUR 4 PERSONNES
PRÉPARATION : 10 MIN
CUISSON : 13 MIN

LA RECETTE DE MELODIEAC

1. Dans la cuve, versez le riz, les petits pois surgelés, l'eau, du sel et du poivre. Faites cuire 8 min en **mode sous pression**.

2. Pendant ce temps, battez les œufs avec la sauce soja.

3. Une fois la cuisson terminée, ouvrez la cuve et ajoutez les œufs et les crevettes. Restez 5 min en **maintien au chaud** le temps que les crevettes et les œufs cuisent. Parsemez de coriandre ciselée et servez.

Note
Si vous utilisez des crevettes surgelées, faites-les décongeler avant.

Moulinex
cookeo

INGRÉDIENTS

500 g d'encornets

300 g de tomates

2 poivrons rouges

12 cl de vin blanc sec

Encornets à la provençale

POUR 4 PERSONNES
PRÉPARATION : 10 MIN
CUISSON : 8 MIN

LA RECETTE DE

Mimi

1. Pelez et émincez l'oignon et l'ail. Coupez les tomates en petits dés. Épépinez les poivrons et coupez-les en morceaux. Détaillez les encornets en rondelles.

2. Dans la cuve, versez l'huile, puis chauffez en **mode dorer**. Ajoutez les oignons, l'ail et les poivrons, puis laissez revenir 5 min en remuant de temps en temps. Versez le vin et laissez rissoler 2 min de plus.

3. Ajoutez les tomates, salez et poivrez, puis faites cuire 1 min en **mode sous pression**. Rectifiez l'assaisonnement et parsemez de persil ciselé avant de servir.

et aussi…

1 oignon
2 gousses d'ail
1 c. à soupe d'huile d'olive
persil

INGRÉDIENTS

400 g de moules congelées

100 g de chorizo doux

100 g de riz basmati

100 g de petits pois congelés

2 poivrons

et aussi...

2 oignons
1 c. à soupe d'huile d'olive
50 cl de lait de coco
1 c. à café de curry

Cassolette DE MOULES AU CHORIZO

POUR 2 PERSONNES
PRÉPARATION : 15 MIN
CUISSON : 14 MIN

LA RECETTE DE LUNALUNA

1. Pelez les oignons et émincez-les très finement, à la mandoline idéalement. Détaillez les poivrons et le chorizo en dés.

2. Versez l'huile dans la cuve et chauffez en **mode dorer**. Ajoutez les oignons et les poivrons et faites-les revenir 5 min. Versez le riz avec 5 cl d'eau, mélangez et faites revenir 1 min.

3. Ajoutez le chorizo, les petits pois, les moules, le lait de coco, le curry, du sel et du poivre. Faites cuire 8 min en **mode sous pression**. Ouvrez, rectifiez l'assaisonnement et servez aussitôt.

INGRÉDIENTS

16 noix
de saint-jacques

2 gousses de vanille

20 cl de crème liquide

1 blanc de poireau

1 carotte

Papillote
DE SAINT-JACQUES À LA VANILLE

POUR 4 PERSONNES
PRÉPARATION : 10 MIN
MARINADE : 1 H
CUISSON : 2 MIN

OUTIL :
PANIER VAPEUR

1. Fendez les gousses de vanille en deux et récupérez les graines. Dans un saladier, mélangez la crème avec les graines de vanille. Ajoutez les saint-jacques et laissez mariner 1 h au frais.

2. Détaillez le blanc de poireau en fines rondelles. Pelez la carotte et coupez-la en petits dés.

3. Dans le fond du **panier vapeur**, disposez un grand carré de papier sulfurisé d'environ 30 cm de côté, de manière à ce qu'il dépasse du **panier**. Placez les blancs de poireau et les carottes dessus, déposez les noix de saint-jacques, recouvrez de sauce à la vanille, puis salez et poivrez. Refermez le papier sulfurisé en rabattant les côtés, puis faites cuire 2 min en **mode sous pression**. Servez immédiatement.

LA RECETTE COUP DE ♥ DU JURY MOULINEX

Saint-jacques
POÊLÉES, RIZ BASMATI ET CHAMPIGNONS

POUR 2 PERSONNES
PRÉPARATION : 10 MIN
CUISSON : 20 MIN

LA RECETTE DE ELENA-DI-STABIA

INGRÉDIENTS

8 noix de saint-jacques

200 g de riz basmati

250 g de champignons frais

et aussi...

3 c. à soupe d'huile d'olive
1 cube de bouillon de légumes
1 c. à soupe de sauce soja
aneth

1. Dans la cuve, faites revenir le riz avec 1 c. à soupe d'huile 3 min en **mode dorer**.

2. Versez 30 cl d'eau et le cube de bouillon et faites cuire 7 min en **mode sous pression**. Réservez.

3. Émincez les champignons en grosses lamelles, disposez-les dans la cuve avec 1 c. à soupe d'huile et la sauce soja. Faites cuire 4 min en **mode sous pression**, puis dorez-les sans le couvercle jusqu'à évaporation complète de l'eau et réservez.

4. Dans la cuve, faites revenir les saint-jacques avec le reste d'huile 3 min de chaque côté en **mode dorer**.

5. Dans chaque assiette, répartissez le riz, disposez des champignons et 4 saint-jacques tout autour et sur le dessus. Servez aussitôt avec un peu d'aneth.

Astuce

Vous pouvez saupoudrer le riz de 1 c. à café de graines de sésame dorées pour apporter un côté croquant.

Végétariens et accompagnements

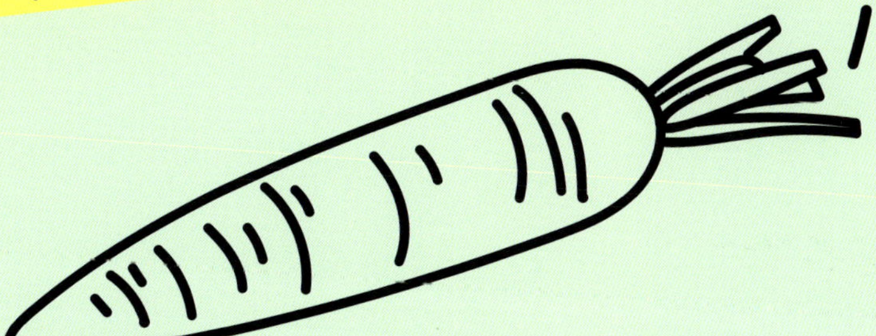

INGRÉDIENTS

40 cl de lait

300 g de macaronis

150 g de cheddar râpé

et aussi…

2 c. à café de moutarde
1 c. à café de fécule de maïs

Mac AND CHEESE

LA RECETTE DE MELODIEAC

POUR 4 PERSONNES
PRÉPARATION : 5 MIN
CUISSON : 9 MIN

1. Dans un saladier, mélangez la fécule de maïs, la moutarde, le lait et 50 cl d'eau.

2. Dans la cuve, mettez les pâtes et versez le mélange du saladier. Salez, poivrez et faites cuire 4 min en **mode sous pression**.

3. À la fin de la cuisson, ajoutez le cheddar et mélangez. Laissez 5 min en **mode maintien au chaud** jusqu'à ce que le cheddar fonde sur les pâtes. Dégustez.

Astuce

Pour encore plus de gourmandise, ajoutez un peu d'emmental râpé en fin de cuisson.

LA RECETTE DE CHRISTELAURE

INGRÉDIENTS

4 gros champignons de Paris

4 tranches de mortadelle

8 olives noires dénoyautées

1 petite boîte de concentré de tomates

1 mozzarella

et aussi...

1 pincée d'origan
parmesan râpé

Champignons FARCIS FAÇON PIZZA

POUR 2 PERSONNES
PRÉPARATION : 10 MIN
CUISSON : 8 MIN

OUTIL :
PANIER VAPEUR

1. Lavez et coupez le pied des champignons. Détaillez la mortadelle et la mozzarella en petits morceaux et les olives en rondelles. Mettez 1 c. à café de concentré de tomates dans chaque champignon, puis répartissez les morceaux de mortadelle, de mozzarella et les olives dans chacun d'eux. Saupoudrez d'origan et de parmesan.

2. Disposez les champignons dans le **panier vapeur**. Versez 20 cl d'eau dans la cuve, insérez le **panier** et faites cuire 8 min en **mode sous pression**. Servez accompagné de frites ou d'une petite salade pour plus de légèreté.

Chili sin carne
CON TOFU

INGRÉDIENTS

200 g de haricots rouges secs

200 g de tofu ferme fumé

2 poivrons rouges

4 tomates

150 g de maïs doux

POUR 4 PERSONNES
PRÉPARATION : 30 MIN
TREMPAGE : 12 H
CUISSON : 2 H 08 MIN

LA RECETTE DE MARIE CUISINE TOUT

1. La veille, faites tremper les haricots rouges pendant 12 h. Le lendemain, égouttez-les et précuisez-les environ 1 h 30 dans de l'eau légèrement salée. Ils doivent être encore un peu fermes à l'extérieur.

2. Précuisez les poivrons au four, épépinez-les et pelez-les. Coupez les tomates en petits dés et mixez-en la moitié pour obtenir un coulis. Émincez l'oignon et hachez l'ail. Coupez le tofu en dés.

3. Dans la cuve, faites revenir l'oignon avec l'huile 2 ou 3 min en **mode dorer**. Ajoutez l'ail et le tofu. Laissez cuire encore 5 min.

4. Ajoutez les poivrons, les tomates en dés, de la coriandre, du cumin, du piment, du sel et du poivre. Incorporez le maïs et les haricots rouges, versez le coulis de tomate et laissez cuire en **mode mijoter** pendant 30 min.Servez avec du riz ou du quinoa.

et aussi…

1 oignon
2 gousses d'ail
20 cl d'huile d'olive
coriandre
cumin
1 pincée de piment de Cayenne

Astuce

Pour simplifier la recette et gagner du temps, vous pouvez utiliser des conserves de haricots rouges et de tomates concassées.

Paella VÉGÉTARIENNE

INGRÉDIENTS

250 g de riz rond

1 tomate

1 poivron vert

1 courgette

1 carotte

et aussi...
1 oignon
1 gousse d'ail
1 c. à soupe d'huile d'olive
100 g de fèves surgelées
100 g de petits pois surgelés
1 c. à café de paprika
3 doses de safran

POUR 4 PERSONNES
PRÉPARATION : 15 MIN
CUISSON : 12 MIN

LA RECETTE DE

Mimi

1. Pelez et émincez l'oignon et l'ail. Coupez la tomate, le poivron et la courgette en dés. Épluchez la carotte et détaillez-la en dés.

2. Dans la cuve, versez l'huile, puis chauffez en **mode dorer**. Ajoutez l'oignon et l'ail et laissez revenir 3 min en remuant de temps en temps. Versez le riz et continuez la cuisson encore 2 min sans cesser de mélanger.

3. Ajoutez les fèves, les petits pois, la tomate, le poivron, la courgette, la carotte et 45 cl d'eau. Versez le paprika et le safran, salez et poivrez. Mélangez avec une cuillère en bois, puis faites cuire 7 min en **mode sous pression**. Rectifiez l'assaisonnement et servez.

Curry DE LÉGUMES

LA RECETTE DE

Mimi

POUR 4 PERSONNES
PRÉPARATION : 15 MIN
CUISSON : 10 MIN

INGRÉDIENTS

200 g de chou-fleur

200 g de brocoli

2 carottes

2 tomates

1 courgette

et aussi…

1 oignon
1 c. à soupe d'huile d'olive
1 c. à café de cumin
1 c. à café de curcuma
30 cl de lait de coco
1 c. à soupe de pâte de curry
1 bouquet de coriandre

1. Détaillez le chou-fleur et le brocoli en fleurettes. Épluchez et coupez les carottes en dés. Coupez les tomates et la courgette en dés. Pelez et émincez l'oignon.

2. Dans la cuve, versez l'huile, puis chauffez en **mode dorer**. Ajoutez l'oignon, le chou-fleur, le brocoli et les carottes. Laissez revenir 5 min en remuant de temps en temps.

3. Ajoutez la courgette, les tomates, le cumin, le curcuma, le lait de coco, du sel, puis la pâte de curry. Mélangez et faites cuire 5 min en **mode sous pression**. Rectifiez l'assaisonnement, parsemez de coriandre ciselée et servez.

Poivrons farcis
AU BOULGOUR ET À LA FETA

INGRÉDIENTS

4 poivrons rouges

200 g de boulgour cru

75 g de feta

et aussi...
1 courgette
1 tomate
huile d'olive
1 oignon
10 feuilles de basilic
70 g de pignons de pin

POUR 4 PERSONNES
PRÉPARATION : 15 MIN
CUISSON : 16 MIN

OUTIL :
PANIER VAPEUR

LA RECETTE DE

Mimi

1. Dans la cuve, mettez le boulgour, 30 cl d'eau, 1 c. à soupe d'huile d'olive, salez et poivrez, puis faites cuire 7 min en **mode sous pression**. Transvasez dans un saladier.

2. Découpez le chapeau de chaque poivron et épépinez-les. Coupez la courgette et la tomate en petits dés. Pelez et émincez finement l'oignon. Ciselez le basilic. Coupez la feta en petits dés.

3. Chauffez le Cookeo en **mode dorer**, puis faites revenir l'oignon et la courgette 2 min avec l'huile en remuant de temps en temps.

4. Mélangez le boulgour avec l'oignon, la courgette, la tomate, les pignons, le basilic, la feta, du sel et du poivre. Garnissez-en les poivrons, puis remettez les chapeaux. Disposez les poivrons farcis dans le **panier vapeur**. Versez 20 cl d'eau dans la cuve, puis insérez le **panier**. Faites cuire 7 min en **mode sous pression**. Servez aussitôt.

Astuce
S'il vous reste de la farce, vous pouvez la manger froide en salade.

Dahl de lentilles corail, épinards et lait de coco

INGRÉDIENTS

200 g de lentilles corail

200 g d'épinards frais

25 cl de lait de coco

et aussi...

1 oignon
1 gousse d'ail
1 c. à soupe d'huile de tournesol
2 c. à café de curry en poudre
1 c. à café de curcuma
persil plat

POUR 4 PERSONNES
PRÉPARATION : 5 MIN
CUISSON : 10 MIN

1. Pelez et émincez l'oignon et l'ail, puis faites-les revenir dans la cuve avec l'huile 2 min en **mode dorer**. Ajoutez les lentilles corail et les épinards, puis poursuivez la cuisson 2 min en remuant de temps en temps.

2. Ajoutez le curry, le curcuma, 35 cl d'eau et le lait de coco, puis salez et faites cuire 6 min en **mode sous pression**. Parsemez de persil ciselé avant de servir.

Farfalles AUX BROCOLIS

INGRÉDIENTS

300 g de farfalles

600 g de brocolis en fleurettes

POUR 4 PERSONNES
PRÉPARATION : 5 MIN
CUISSON : 10 MIN

LA RECETTE DE

Mimi

et aussi...

1 oignon
3 gousses d'ail
1 c. à soupe d'huile d'olive
100 g de parmesan râpé

1. Pelez et émincez l'oignon et l'ail.

2. Dans la cuve, versez l'huile, puis chauffez en **mode dorer**. Ajoutez l'oignon et les brocolis, puis laissez revenir 5 min en remuant de temps en temps.

3. Ajoutez les pâtes, l'ail, 40 cl d'eau, du sel et du poivre, puis faites cuire 5 min en **mode sous pression**. Égouttez le surplus d'eau si nécessaire et incorporez le parmesan avant de servir.

Bolognaise VÉGÉTARIENNE AUX LENTILLES VERTES

INGRÉDIENTS

200 g de lentilles vertes crues

50 g de champignons de Paris

3 tomates

1 carotte

POUR 4 PERSONNES
PRÉPARATION : 15 MIN
CUISSON : 25 MIN

LA RECETTE DE

Mimi

1. Pelez et émincez l'oignon et l'ail. Coupez les champignons en tranches et les tomates en petits morceaux. Pelez la carotte et coupez-la en dés.

2. Dans la cuve, versez l'huile, puis chauffez en **mode dorer**. Ajoutez la carotte, l'oignon et l'ail, puis laissez revenir 3 min en remuant de temps en temps.

3. Ajoutez les lentilles, les champignons, les tomates, le coulis, le concentré, l'origan, le brin de thym, et 22,5 cl d'eau. Salez et poivrez, puis faites cuire 22 min en **mode sous pression**. Retirez le brin de thym avant de servir.

et aussi…

1 oignon
2 gousses d'ail
1 c. à soupe d'huile d'olive
20 cl de coulis de tomate
2 c. à soupe de concentré de tomate
1 c. à café d'origan
1 brin de thym

Penne AU FROMAGE FRAIS ET AUX CHAMPIGNONS

INGRÉDIENTS

250 g de penne

240 g de fromage frais ail et fines herbes

300 g de champignons de Paris

10 cl de vin blanc sec

et aussi…

1 oignon
2 gousses d'ail
1 c. à soupe d'huile d'olive
1 c. à soupe de fond de veau
persil

POUR 4 PERSONNES
PRÉPARATION : 10 MIN
CUISSON : 14 MIN

LA RECETTE DE

Mimi

1. Pelez et émincez l'oignon et l'ail. Coupez les champignons en lamelles.

2. Lancez le Cookeo en **mode dorer**, puis ajoutez l'huile et les oignons. Laissez revenir 2 min en remuant de temps en temps. Ajoutez les champignons, l'ail et le fond de veau. Mélangez avant de verser le vin blanc. Prolongez la cuisson de 2 min.

3. Ajoutez les pâtes et 10 cl d'eau. Salez et poivrez, puis faites cuire 8 min en **mode sous pression**. Ajoutez le fromage frais et laissez 2 min en **maintien au chaud**. Servez parsemé de persil ciselé.

Riz VÉGÉTARIEN AUX POIS CHICHES

INGRÉDIENTS

250 g de riz long

250 g de pois chiches cuits

70 g de noix de cajou non salées

50 g de raisins secs

et aussi...

- 1 bouquet de persil plat
- 1 c. à soupe d'huile d'olive
- 1 c. à café de curry
- 1 c. à café de cumin
- 1 c. à café de cannelle
- 1 c. à café de curcuma
- 1 oignon

POUR 4 PERSONNES
PRÉPARATION : 15 MIN
CUISSON : 18 MIN

LA RECETTE DE

Mimi

1. Dans la cuve, faites revenir les noix de cajou 3 min en **mode dorer** en remuant de temps en temps. Ajoutez l'huile, le curry, le cumin, la cannelle, le curcuma, et les pois chiches rincés et égouttés, puis continuez la cuisson 2 min en mélangeant de temps en temps. Débarrassez dans un autre récipient. Ne lavez pas la cuve afin de garder un maximum de saveurs.

2. Faites gonfler les raisins secs dans un bol d'eau tiède. Pelez et émincez l'oignon. Rincez le riz sous l'eau froide. Hachez le persil plat. Chauffez le Cookeo en **mode dorer**, puis ajoutez l'oignon dans la cuve. Laissez revenir 2 min en remuant de temps en temps. Ajoutez le riz et chauffez 1 min sans cesser de mélanger.

3. Versez 50 cl d'eau, salez et poivrez, puis faites cuire 7 min en **mode sous pression**. Ajoutez les raisins secs, les pois chiches, les noix de cajou, le persil, puis mélangez avec le riz.

4. Laissez 3 min en **maintien au chaud**, puis servez.

INGRÉDIENTS

250 g de riz

2 poivrons (rouge et vert)

2 tomates

½ c. à café de piment de Cayenne

100 g de haricots rouges cuits

et aussi...

1 oignon
2 gousses d'ail
1 c. à soupe d'huile d'olive
1 c. à soupe d'origan
1 c. à soupe de paprika
1 brin de thym

Jambalaya VÉGÉTARIEN

LA RECETTE DE

Mimi

POUR 4 PERSONNES
PRÉPARATION : 15 MIN
CUISSON : 15 MIN

1. Épépinez les poivrons et coupez-les en morceaux. Détaillez les tomates en dés. Pelez et émincez l'oignon et l'ail.

2. Chauffez le Cookeo en **mode dorer**, puis faites revenir l'oignon avec l'huile 3 min en remuant de temps en temps. Ajoutez le riz et continuez la cuisson 2 min sans cesser de mélanger.

3. Ajoutez les poivrons, les tomates, l'ail, l'origan, le paprika, le piment et 50 cl d'eau. Salez et déposez le brin de thym. Faites cuire 8 min en **mode sous pression**.

4. Enlevez le thym, puis ajoutez les haricots rouges. Laissez 2 min en **maintien au chaud** avant de servir.

INGRÉDIENTS

3 endives rouges

1 petit oignon

20 cl de vin rouge

et aussi...

un filet d'huile d'olive
1 c. à café de fond de veau
2 c. à soupe de miel

Endives rouges BRAISÉES

POUR 2 PERSONNES
PRÉPARATION : 10 MIN
CUISSON : 13 MIN

LA RECETTE DE ADELINE-JANSON

1. Pelez et émincez l'oignon et coupez les endives en deux dans le sens de la longueur. Dans la cuve, faites dorer l'oignon avec un peu d'huile en **mode dorer**. Ajoutez les endives et laissez dorer 3 min en les retournant.

2. Dans un bol, mélangez le vin avec le fond de veau et le miel. Versez dans la cuve. Salez et poivrez. Faites cuire 10 min en **mode sous pression**.

Astuce

N'oubliez pas de retirer la base et le cœur des endives : c'est ce qui les rend si amères.

Céleri branche
COMME UN RISOTTO

INGRÉDIENTS

1 céleri branche

½ sachet de parmesan râpé

et aussi…

½ oignon jaune
1 c. à soupe d'huile neutre
45 cl de crème liquide entière (30 % de MG)

POUR 4 PERSONNES
PRÉPARATION : 10 MIN
CUISSON : 15 MIN

LA RECETTE DE PUCE576

1. Séparez les tiges du céleri et détaillez-les en longues bandes (profitez-en pour retirer les fils qui ressortent), puis coupez-les en tout petits dés. Pelez et émincez l'oignon.

2. Dans la cuve, faites revenir l'oignon avec l'huile 3 min en **mode dorer**, jusqu'à ce qu'il soit translucide. Ajoutez le céleri et laissez cuire 2 min en veillant à ce que la préparation n'attache pas.

3. Versez la crème. Salez et poivrez. Faites cuire 8 min en **mode sous pression**.

4. Ajoutez le parmesan et prolongez la cuisson de 2 min en **mode dorer**. Goûtez, rectifiez l'assaisonnement.

Note

Cette recette n'est pas un risotto puisqu'elle ne contient pas de riz. Elle s'inspire simplement du mode de cuisson du risotto et en a l'apparence, d'où son nom !

INGRÉDIENTS

500 g de chou-fleur en fleurettes

6 c. à soupe de miel liquide

2 c. à café de curcuma

et aussi...

1 oignon
4 gousses d'ail
1 c. à soupe d'huile d'olive

Chou-fleur au miel et au curcuma

POUR 4 PERSONNES
PRÉPARATION : 10 MIN
CUISSON : 8 MIN

OUTIL :
PANIER VAPEUR

LA RECETTE DE

Mimi

1. Versez 20 cl d'eau dans la cuve et insérez le **panier vapeur**. Déposez le chou-fleur dedans, puis faites cuire 5 min en **mode sous pression**. Réservez le chou-fleur.

2. Pelez et émincez l'oignon et l'ail. Chauffez le Cookeo en **mode dorer**, puis versez l'huile et faites-y revenir l'oignon et l'ail 2 min. Ajoutez le chou-fleur et le curcuma. Salez et poivrez, puis continuez la cuisson 1 min.

3. Ajoutez le miel et mélangez délicatement avec une cuillère en bois. Servez aussitôt.

Pommes de terre
À L'ESPAGNOLE

INGRÉDIENTS

600 g de pommes de terre

3 poivrons rouges

1 c. à café de piment d'Espelette

1 c. à soupe de paprika

et aussi…

2 gousses d'ail
2 c. à soupe d'huile d'olive
persil

POUR 4 PERSONNES
PRÉPARATION : 10 MIN
CUISSON : 12 MIN

LA RECETTE DE

Mimi

1. Pelez les pommes de terre et coupez-les en morceaux. Pelez et émincez l'ail. Épépinez les poivrons et coupez-les en lanières.

2. Chauffez le Cookeo en **mode dorer**, puis faites revenir les pommes de terre, l'ail et les poivrons 5 min avec l'huile en remuant de temps en temps.

3. Ajoutez le paprika et le piment d'Espelette, puis mélangez et versez 20 cl d'eau. Salez et poivrez, puis faites cuire 7 min en **mode sous pression**. Parsemez de persil ciselé avant de servir.

AOP

INGRÉDIENTS

4 petites courgettes

4 tomates

1 boule de mozzarella (facultatif)

et aussi...

5 cl d'huile d'olive
1 pincée d'ail en poudre
1 pincée d'origan

Tian DE LÉGUMES

POUR 4 PERSONNES
PRÉPARATION : 15 MIN
CUISSON : 10 MIN

LA RECETTE DE FLORETTE

1. Épluchez les courgettes et coupez-les en fines rondelles, ainsi que les tomates et éventuellement la mozzarella. Déposez-les dans le fond de la cuve à la verticale, en alternant les couches.

2. Versez 10 cl d'eau et l'huile d'olive, salez, poivrez, parsemez d'ail et d'origan et faites cuire 10 min en **mode sous pression**.

Note

Cette recette est idéale en été avec des grillades.

Ratatouille EXPRESS À MA FAÇON

INGRÉDIENTS

1 aubergine

2 courgettes

2 poivrons (rouge et jaune)

8 tranches de tomates séchées

et aussi...

- 1 oignon
- 1 gousse d'ail
- huile d'olive
- 10 cl de vin blanc
- 40 cl de purée de tomate
- 6 brins de persil
- 1 c. à café de sucre
- 1 cube de bouillon de légumes

POUR 4 PERSONNES
PRÉPARATION : 15 MIN
CUISSON : 15 MIN

LA RECETTE DE ANG157

1. Coupez tous les légumes en dés. Dans la cuve, faites revenir l'oignon pelé et émincé avec un peu d'huile 3 min en **mode dorer** jusqu'à ce qu'il brunisse légèrement. Ajoutez les légumes et laissez dorer encore 5 min.

2. Versez le vin, laissez bouillonner quelques instants. Ajoutez la purée de tomate, le persil ciselé, l'ail pelé et émincé, le sucre, 15 cl d'eau et le cube de bouillon. Remuez pour que le cube de bouillon se dissolve. Faites cuire 7 min en **mode sous pression**. Servez.

Astuce

Rectifiez l'assaisonnement en sel si besoin à la fin de la cuisson. Vous pouvez aussi laisser dorer les légumes 5 min de plus. Servez sur des rigatonis et saupoudrez de parmesan : c'est un régal !

Ratatouille
D' HIVER

INGRÉDIENTS

1 courge butternut

2 carottes

2 panais

1 patate douce

150 g de
champignons de Paris

et aussi...
1 oignon
3 gousses d'ail
1 c. à soupe d'huile d'olive
2 c. à soupe d'herbes de Provence
3 c. à soupe de miel liquide
1 brin de thym

LA RECETTE DE

Mimi

POUR 4 PERSONNES
PRÉPARATION : 20 MIN
CUISSON : 16 MIN

1. Pelez la courge, les carottes, les panais et la patate douce, puis coupez-les en petits morceaux. Pelez et émincez l'ail et l'oignon. Coupez les pieds des champignons.

2. Chauffez le Cookeo en **mode dorer**, puis faites revenir l'oignon avec l'huile 3 min en remuant de temps en temps. Ajoutez la courge, les carottes, les panais, la patate douce et l'ail, puis continuez la cuisson 5 min en mélangeant régulièrement.

3. Ajoutez les champignons, les herbes de Provence et le miel, puis mélangez bien. Versez 30 cl d'eau, déposez le brin de thym, salez et poivrez, puis faites cuire 8 min en **mode sous pression**. Enlevez le brin de thym et servez aussitôt.

Ecrasée de PATATES DOUCES

LA RECETTE DE LORETTE

POUR 4 PERSONNES
PRÉPARATION : 10 MIN
CUISSON : 13 MIN

OUTIL :
PANIER VAPEUR

INGRÉDIENTS

1,1 kg de patates douces

40 g de beurre

2 c. à soupe de crème fraîche

1. Pelez les patates douces et coupez-les en morceaux. Mettez-les dans le **panier vapeur**. Versez 20 cl d'eau dans la cuve, insérez le **panier** et faites cuire 13 min en **mode sous pression**.

2. Hors du feu, incorporez le beurre et la crème. Assaisonnez, puis écrasez.

Tomates vapeur
À LA PROVENÇALE

LA RECETTE DE HEYY L'HEAUDY

POUR 2 PERSONNES
PRÉPARATION : 5 MIN
CUISSON : 5 MIN

OUTIL :
PANIER VAPEUR

INGRÉDIENTS

3 ou 4 tomates, selon leur taille

1 pincée d'ail en poudre

1 pincée d'herbes de Provence

et aussi…
1 pincée de sucre
1 filet d'huile d'olive

1. Coupez les tomates en deux, mettez-les dans le **panier vapeur**. Parsemez d'ail, de sel, de poivre, d'herbes de Provence et de sucre (pour corriger l'acidité des tomates).

2. Versez 20 cl d'eau dans la cuve et insérez le **panier**. Faites cuire 5 min en **mode sous pression**. Arrosez d'un filet d'huile d'olive avant de déguster.

Desserts

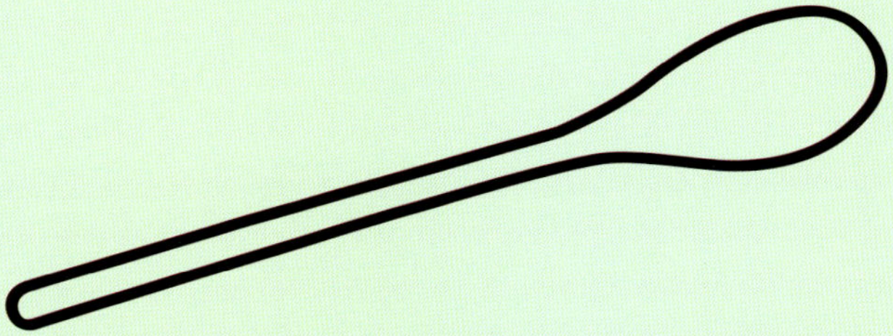

LA RECETTE COUP DE ♥ DU JURY MOULINEX

Profiteroles

INGRÉDIENTS

500 g de glace à la vanille

100 g de beurre doux

150 g de farine

4 œufs

150 g de chocolat noir

25 cl de lait

POUR 6 PERSONNES
PRÉPARATION : 20 MIN
CUISSON : 35 MIN

LA RECETTE DE AURÉLIE-MARTIN

1. Préchauffez le four à 200 °C. Dans la cuve, faites fondre le beurre avec 1 pincée de sel et 25 cl d'eau, 5 min en **mode dorer**. Lorsque le mélange commence à bouillir, ajoutez la farine en une fois et mélangez jusqu'à obtenir une pâte qui se décolle des parois de la cuve. Transvasez le mélange dans un saladier et incorporez les œufs un par un en fouettant sans cesse avec un batteur électrique.

2. Tapissez de papier sulfurisé une plaque de cuisson et formez dessus 18 boules de pâte avec une poche à douille. Enfournez pour 25 min jusqu'à ce que les choux soient bien dorés et secs. Laissez refroidir.

3. Coupez les choux en deux, farcissez-les de glace, puis réservez-les au congélateur.

4. Faites fondre le chocolat avec le lait au bain-marie.
Disposez 3 choux par assiette, versez la sauce au chocolat tiède dessus et dégustez immédiatement.

INGRÉDIENTS

7 rochers au chocolat au lait

20 cl de lait demi-écrémé

4 œufs

1 petite boîte de lait concentré sucré

et aussi...
50 g de pralin

Flan aux rochers AU CHOCOLAT AU LAIT

LA RECETTE DE CHRISTELAURE

POUR 6 PERSONNES
PRÉPARATION : 10 MIN
CUISSON : 40 MIN

OUTIL :
PANIER VAPEUR

1. Dans la cuve, faites fondre 6 rochers avec le lait demi-écrémé, 5 min en **mode mijoter**.

2. Dans un saladier, battez les œufs et ajoutez le lait concentré. Incorporez les rochers fondus, puis versez le mélange dans un moule de 18 cm de diamètre.

3. Mettez le moule dans le **panier vapeur**. Versez 20 cl d'eau dans la cuve nettoyée, insérez le **panier** et faites cuire 35 min en **mode sous pression**. Saupoudrez le flan de pralin et ajoutez quelques éclats de rochers. Réserver au frais jusqu'au moment de servir.

INGRÉDIENTS

150 g de farine

80 g de sucre canne

3 œufs

1 c. à soupe d'extrait de vanille

et aussi...

1 sachet de levure chimique
1 pincée de sel
25 g de beurre allégé à 15 % de MG + un peu pour le moule
3 c. à soupe de lait écrémé

Gâteau VAPEUR

LA RECETTE DE SANDY

POUR 4 PERSONNES
PRÉPARATION : 10 MIN
CUISSON : 40 MIN

OUTIL :
PANIER VAPEUR

1. Mélangez tous les ingrédients dans l'ordre de la liste jusqu'à l'obtention d'une pâte homogène. Versez dans un moule préalablement graissé.

2. Mettez le moule dans le **panier vapeur**, recouvrez d'une assiette. Versez 30 cl d'eau dans la cuve, insérez le **panier** et faites cuire 40 min en **mode sous pression**. Servez tiède.

Note

Vous pouvez couper le gâteau en deux et le garnir de confiture maison (voir p. 160).

INGRÉDIENTS

3 pommes

4 spéculoos

et aussi...

20 g de beurre
25 g de cassonade
3 cl de calvados (facultatif)

Verrines DE POMMES CUITES AUX SPÉCULOOS

POUR 2 PERSONNES
PRÉPARATION : 10 MIN
CUISSON : 5 MIN

LA RECETTE DE LATENDRESSE73

1. Épluchez les pommes et coupez-les en petits dés. Émiettez les biscuits, mettez-les au fond de la cuve (réservez 1 c. à café pour la décoration) et lancez le **mode dorer**. Ajoutez le beurre. Quand il est fondu, ajoutez les pommes, la cassonade et éventuellement le calvados, puis laissez colorer 1 min.

2. Versez 7 cl d'eau et faites cuire 1 min en **mode sous pression**. À la fin de la cuisson, laissez refroidir, répartissez dans des verrines et saupoudrez de poudre de spéculoos.

Note

Vous pouvez accompagner ces verrines d'une boule de glace et/ou de chantilly.

INGRÉDIENTS

2 pommes

3 bananes

25 g de sucre

2 gouttes d'arôme de vanille

Compote POMMES-BANANES

POUR 4 PERSONNES
PRÉPARATION : 10 MIN
CUISSON : 10 MIN
RÉFRIGÉRATION : 1 NUIT

LA RECETTE DE LISATUTU

1. Pelez les pommes et coupez-les en dés. Détaillez les bananes en rondelles.

2. Mettez les pommes et les bananes dans la cuve. Ajoutez 50 cl d'eau, le sucre et l'arôme de vanille. Laissez cuire environ 10 min.

3. Mixez le mélange et laissez reposer une nuit au frais.

INGRÉDIENTS

500 g de fraises

250 g de fruits rouges surgelés

450 g de sucre

1 citron

Confiture DE FRUITS ROUGES

POUR 2 POTS
PRÉPARATION : 10 MIN
CUISSON : 15 MIN
REPOS : 24 H

LA RECETTE DE PAFAITE MAMAN IMPARFAITE

1. Équeutez les fraises et coupez-les en dés. Lavez les fruits rouges et laissez-les égoutter dans une passoire.

2. Dans la cuve, faites revenir les fruits avec le sucre 15 min en **mode dorer**. Remuez régulièrement avec une spatule.

3. Pendant ce temps, plongez 2 pots de confiture en verre et leurs couvercles 10 min dans de l'eau bouillante pour les stériliser. Faites-les sécher sur un torchon propre.

4. En fin de cuisson, ajoutez le jus du citron dans la cuve. Remplissez les pots avec la confiture chaude et fermez les couvercles. Retournez les pots et laissez refroidir 24 h.

Note

Le jus de citron décuple la saveur de vos fruits et permet à la confiture de prendre en apportant la pectine nécessaire; de plus il permet de réduire l'apport en sucre de la recette. Conservez vos pots dans un endroit frais et à l'abri du soleil.

TABLE DES ÉQUIVALENCES FRANCE-CANADA

Poids

55 g	2 onces	200 g	7 onces	500 g	17 onces
100 g	3 onces	250 g	9 onces	750 g	26 onces
150 g	5 onces	300 g	10 onces	1 kg	35 onces

Ces équivalences permettent de calculer le poids à quelques grammes près (en réalité, 1 once = 28 g).

Capacités

25 cl	1 tasse	75 cl	3 tasses
50 cl	2 tasses	1 l	4 tasses

Pour faciliter la mesure des capacités, une tasse équivaut ici à 25 cl (en réalité, 1 tasse = 8 onces = 23 cl).

Les Éditions Dessain et Tolra utilisent des papiers composés de fibres naturelles, renouvelables, recyclables et fabriquées à partir de bois issus de forêts qui adoptent un système d'aménagement durable. En outre, les Éditions Dessain et Tolra attendent de leurs fournisseurs de papier qu'ils s'inscrivent dans une démarche de certification environnementale reconnue.

ISBN : 978-2-03-596106-8
Photogravure : Nord Compo
Imprimé en Espagne par Industria Grafica Cayfosa
Dépôt légal : janvier 2019
322630/01 – 7209249 - octobre 2018

PAPIER À BASE DE FIBRES CERTIFIÉES

Dessain et Tolra s'engage pour l'environnement en réduisant l'empreinte carbone de ses livres. Celle de cet exemplaire est de :
1,2 kg éq. CO_2
Rendez-vous sur www.dessain-tolra-durable.fr